Doble E2: nuevos escritores del Caribe colombiano

Doble E2: nuevos escritores del Caribe colombiano

Luis Molina Lora & Julio César Pérez Méndez

LUGAR COMÚN
EDITORIAL

Doble E2: nuevos escritores del Caribe colombiano
© Luis Molina Lora & Julio César Pérez Méndez
© Los autores de los textos
© 2016 Esta edición Lugar Común Editorial

Library and Archives Canada Cataloguing in Publication

ISBN 978-1-987819-35-9 (Libro impreso)
ISBN 978-1-987819-36-6 (Libro electrónico)

Publicado por Lugar Común Editorial
Ottawa, Canadá, 2016

www.lugarcomuneditorial.com
info@lugarcomuneditorial.com

Canadá

Índice

"... de todos modos no entendía cómo se llegaba al extremo de hacer una guerra por cosas que no podían tocarse con las manos."

Gabriel García Márquez
en *Cien años de soledad*

Prólogo

En el segundo volumen de la Antología de Nuevos Escritores del Caribe Colombiano Alfredo Baldovino cuenta las vicisitudes de José Miguel Luna, un septuagenario a quien las palomas mensajeras le cambian la vida. Paul Brito escribe sobre José María Forte, un pesista y fanático de los gimnasios, que acaso guarde el secreto anhelo de convertirse en superhéroe. Gerardo Ferro, por su parte, narra un cuento donde los sueños son para Lúcida y su familia un sucedáneo de la soledad y la desesperanza. A su vez, Víctor Moreno encuentra en la seño Susana un personaje que se enfrenta a la decisión de retirarse del magisterio tras 45 años de trabajo.

Gracias a la alquimia de la palabra escrita tales sucesos y personajes tienen la oportunidad de trascender los rigores del olvido. De lectores y críticos rigurosos depende en gran medida que así sea.

Alfredo Baldovino Barrios

El Copey, Colombia (1978). Ganador de varios concursos de cuento y crónica y acreedor a becas de creación teatral. Colaborador de *El Malpensante*, *Vía Cuarenta*, *Global* (República Dominicana), *Actual* y la *Revista Latitud*, del periódico *El Heraldo*. Relator para la fundación Nuevo Periodismo Iberoamericano (FNPI). Textos suyos han sido publicados en antologías de cuento y crónica. En la actualidad trabaja en la edición de sus dos primeros libros.

Servipalomas Luna: entrega de encomiendas
rápida y segura

Quién sabe qué habría sido de su vida de no ser por las palomas mensajeras. Eso me cuenta José Miguel Luna, a la puerta de su casa en el barrio Las moras, del municipio de Soledad. Es un hombre moreno y de baja estatura que cumplió recientemente los 71 años de edad. Orejas grandes y largas uñas de gavilán, hay algo en su apariencia que hace pensar en la hierba montuna que se resiste a ser podada.

La gente ve ahora su casa, con un embaldosado reluciente en la terraza y una reja negra que la separa de la calle, y cree que siempre la ha tenido fácil. Pero no es así. Cuando llegó al barrio, a mediados de los años 80, las paredes de su casa estaban sin pañetar y a modo de ventana aparecían varias tablas claveteadas horizontalmente. Para terminar de oscurecer el panorama eran frecuentes los días en que no tenía nada que ofrecerles a sus cuatro hijos a la hora del desayuno. Hasta que llegaron las palomas mensajeras.

Se trataba de un par de pichones obsequiados por un amigo de gallos que sabía de la afición de José por los animales. El patio de su casa, efectivamente, era una pequeña réplica de los patios de las casas rurales en la que los padres y abuelos de la mayoría de pobladores del barrio habían pasado su infancia. Tenía un par de gallos de pelea, iguanas que de cuando en cuando bajaban del palo de mango en el centro del patio para tomar un baño de sol, ardillas de colas azafranadas, canarios colgados de las jaulas, un loro, un perro lanudo y una boa de dos metros de largo escondida en una jaula.

La afición venía de tiempo atrás. Su padre era el capataz de una finca ubicada en un corregimiento aledaño al municipio de Ciénaga, en las estribaciones de la sierra Nevada de Santa Marta, y desde niño estuvo familiarizado con las huellas del tigrillo en el monte, las alertas nocturnas para proteger a las gallinas de las zarigüeyas y las salidas en búsqueda de conejos, armadillos y guartinajas.

No había cumplido nueve años aun cuando su padre lo abandonó, junto a su madre y a sus ocho hermanos, para casarse con otra mujer. Entonces tuvo que emplearse como recolector de café y peón en diversas faenas agrícolas. Así se dieron sus primeros contactos con los indios arhuacos que rondaban por los alrededores. Eran hombres tocados con gorros, vestidos siempre de blanco, que lo iniciaron en el conocimiento de las plantas medicinales y en el oculto lenguaje de las serpientes.

Entregado a una rutina extenuante, que empezaba con la salida del sol y terminaba al final de la tarde, José Miguel nunca pudo asistir a una escuela. Cuando estuvo en edad de valerse por sí mismo recorrió el departamento del Cesar trabajando como recolector de algodón, y más tarde convivió con los indígenas wayuu en la Alta guajira. A Barranquilla llegó, como se dice popularmente, con una mano adelante y otra detrás, a principio de los 70. No existían muchas oportunidades para un hombre como él, sin un cartón de bachiller que mostrarle a nadie, y tuvo que trabajar en lo que le saliera al paso para sostener a su mujer.

No hay mal que por bien no venga

Para la época en que llegaron las primeras palomas mensajeras a su casa, en 1997, José Miguel se ganaba la vida contando los guineos verdes que él mismo solía traer desde la zona bananera hasta la central de abastos de Barranquilla. Los dueños de tiendas de abarrotes solicitaban la cantidad que requerían para la semana y él iba apilando los guineos hasta completar el número requerido. El pago era escaso, refiere, pero era eso o salir a la calle a pedir comida, y por nada del mundo llegaría hasta ese punto.

Pero "no hay mal que por bien no venga". Un día, regresó a su casa sin un peso en el bolsillo. El patrón no le pagó la jornada, de modo que no supo qué responder cuándo su esposa le preguntó qué iban a comer sus hijos al día siguiente. Entonces tuvo una idea: se llevaría consigo una paloma para el trabajo. Al llegar, le pediría a su jefe el pago retrasado y enviaría a su mujer una parte del dinero amarrada en la patica del animalito.

Dicho y hecho. José Miguel metió a la paloma en una caja y abordó el autobús que lo llevó hasta la central de abastos. Habló con su jefe, amarró el billete a la pata de la paloma, y luego la vio elevarse en el aire con un rápido batir de alas. La gestión fue todo un éxito y José Miguel siguió repitiendo la experiencia, ante la admiración pueril de los trabajadores de las bodegas cercanas, que abandonaban sus labores por un instante para presenciar el espectáculo.

Alas libres

Poco tiempo después, el mismo amigo que le regaló los primeros pichones de la estirpe, lo invitó a asociarse a *Alas libres*, la organización local de aficionados al entrenamiento de palomas mensajeras con fines competitivos. El paso siguiente consistió en la compra de unos anillos que le permitieran identificar a cada uno de los miembros de su palomar. Era preciso, le dijeron, que entregara sus palomas ocasionalmente a un representante de la asociación para que fueran liberadas desde diversas distancias, primero desde un municipio ubicado a 100 km de la ciudad, después 100 km arriba del punto anterior, y así hasta que fueran capaces de reconocer el territorio por el cual tendrían que volar en una competencia nacional. No había lugar para el error. A la menor desorientación, la paloma podía perder el rumbo y desaparecer por siempre del palomar. Para el agrado de los Luna, sus palomas siempre se mostraron veloces y acertadas a la hora de encontrar la ruta más corta para llegar a casa.

Hasta que llegó el momento de la verdad. Las palomas de todos los suscritos debían ser trasladadas hasta Bogotá para una competencia a gran escala. El ganador se llevaría dos millones de pesos. Los Luna entregaron sus palomas, como todos los participantes, a un delegado de la asociación. En horas de la mañana, por fin, se abrieron las jaulas y las palomas hendieron en tropel el cielo bogotano. El trayecto no era fácil. Las palomas debían soportar temperaturas de hasta cuatro grados al atravesar las cordilleras, y bajar a los valles con temperaturas que llegaban a los 30 grados. Los ojos de los Luna estaban puestos en las manecillas del reloj de pared, los oídos en los rumores del viento. Ya había empezado a caer la tarde cuando sintieron un aleteo sobre el techo y corrieron hasta el patio. Después de once horas de vuelo ininterrumpido, en efecto, las palomas regresaron a su palomar.

Con manos temblorosas por la ansiedad sacaron el código del anillo, llamaron por teléfono al juez, esperaron la rectificación. Hubo un breve murmullo del otro lado, mientras los jurados se cercioraban de que la información era correcta, hasta que finalmente anunciaron: "Felicitaciones. Ustedes son los ganadores de la competencia". ¡Vaya dicha la que sintieron en ese instante! ¡Acababan de ganarse dos millones de pesos, lo suficiente para mantener la nevera llena de víveres por varios meses!

Pero lo mejor estaba por llegar. En 1999, la *Sociedad Portuaria de Barranquilla* (hoy *Puerto de Barranquilla*) necesitaba a una persona que les ayudara a controlar la profusión de palomas que corrompía con sus cagarrutas el trigo, la soya y el maíz que se almacenaba en las bodegas. Buscando por Internet, un funcionario de la empresa dio con el artículo donde se hablaba de la proeza alcanzada por la paloma en Bogotá, y tras citar a José Miguel en una de sus oficinas le preguntaron si era capaz de hacerle frente al asunto. José Miguel les pidió que lo llevaran al lugar en el que los granos eran conservados. Estudió los puntos por donde entraban las palomas y a los pocos días regresó con una enorme red en forma de embudo, provista de una cuerda que se jalaba cuando las palomas caían dentro. Después, las guardaba en cajas y les daba la libertad. Contento con su trabajo, el funcionario le ofreció un contrato inicial por seis meses y un sueldo que triplicaba al que obtenía en la central de abastos contando guineos verdes; contrato que se fue renovando año tras año y en el que José Miguel, además de controlar las miríadas de palomas hambrientas, tiene que vérselas continuamente con otros animales que llegan al puerto a través del río.

La colombofilia: una práctica milenaria

Las palomas mensajeras no reconocen como sitio de llegada un lugar distinto al de su residencia. En el Antiguo Testamento se habla de la paloma mensajera que regresó al arca de Noé con una rama de olivo en el pico. Los griegos se servían de ellas para comunicar el nombre de los ganadores en los Juegos Olímpicos por los distintos puntos de la Hélade. En 1870, durante la Guerra Franco Prusiana, París fue sitiada por los alemanes durante cuatro meses y el único recurso útil a los franceses para mantener contacto con el exterior fue un grupo de palomas mensajeras. En la Segunda Guerra Mundial fueron utilizadas por los distintos bandos involucrados en la disputa. Heinrich Himmler, el temible director de las SS, incluso fungió a su vez como presidente de la Asociación Colombófila de Alemania.

Pero con los avances tecnológicos la colombofilia fue perdiendo la importancia de otra época y su consagración se vio restringida a la pasión de unos cuantos aficionados. En Colombia las primeras palomas mensajeras llegaron en 1890 gracias a la gestión del Ministro de Guerra, Ignacio Sanz de Santa María. Un total de 25 parejas de eximios reproductores viajaron desde España hasta el puerto de Cartagena. Luego siguieron el mismo periplo emprendido por Florentino Ariza cuando quiso olvidar a Fermina Daza, por los meandros del río Magdalena hasta el puerto de La Dorada. Subieron a lomos de mulas, bordearon escarpadas cornisas y llegaron hasta Bogotá. Después vendrían pichones

de otras partes como Bélgica y Suiza y se empeza-
rían a fundar sociedades colombófilas por todo el
país, como aquella a la que se afiliaron los Luna en
la década de los 90.

Nunca sabes de qué lado puede llegarte la suerte

José Miguel Luna entendió muy pronto las ventajas que podía sacar de las palomas mensajeras, no sólo en las competencias, sino también ante los incautos y ambiciosos apostadores. Era otra de sus aficiones, pues desde joven fue ducho en la cría de gallos de pelea. En más de una ocasión deslumbró a algún incrédulo con la descripción de las virtudes de sus palomas y de paso se quedó con su dinero. Entre todas recuerda una que lo hace sonreír. Se había ido a pescar a Bocas de Cenizas, una parte alejada de Barranquilla donde desemboca el río Magdalena en el mar Caribe, con una de sus palomas en una caja. Estaba apenas en el barrio Las flores, el último suburbio con que se topan los visitantes antes de llegar a Bocas de Ceniza, cuando se quedó asombrado, con la paloma libre en su mano, por el tamaño de un jurel que pendía de un garfio. El dueño de la pescadería le dijo:

—Compadre. Qué tiene esa paloma en el pico ¿Está enferma?

—Nada, amigo. Es una paloma mensajera. Es que me la traje porque voy a mandar ahorita la plata de la comida para la casa.

—No sea usted tan embustero —dijo el de la pescadería con tono jocoso.

José Miguel sacó dos billetes de cincuenta mil pesos y le dijo.

—Cuánto vale ese jurel.

—Cincuenta mil pesos.

—Le apuesto estos cien mil pesos contra ese jurel que es cierto lo que estoy diciendo.

El hombre le arrebató los cien mil pesos de la mano, antes de que José Miguel se arrepintiera, y llamó a un policía que estaba por allí cerca para decirle:

—Señor agente. Usted es testigo de que este señor acaba de perder cien mil pesos conmigo —se dirigió a José Miguel y le dijo—: ¿Y qué hacemos ahora?

—Escriba un mensaje en un papelito a nombre de José David, mi hijo, y ponga su número de teléfono para que lo llame.

—Listo. Voy a escribir entonces el mensaje: "José David, te regalo este jurel para que te lo comas frito en el desayuno. Llámame." —A continuación puso el número de su celular.

A los 10 minutos alguien llamaba a su teléfono para hablarle sobre el regalo de un jurel. El de la pescadería estaba convencido de que el hombre era un timador. De otra manera no se explicaba que un ave como esa salvara semejante distancia en tan corto tiempo. Así que cogieron un taxi con el policía a bordo y se encaminaron hacia el barrio Las moras. Llamaron a la puerta de los Luna y José David salió con el papel arrugado. El de la pescadería lo desplegó y no tuvo más opción que rendirse ante la evidencia.

—¡No joda, loco! —exclamó—. ¿Y qué palomas son esas, cuadro?

—Yo terminé vendiéndole un par —dice José Miguel—. Con el paso de los meses volví a encontrarme al tipo en Las flores. Entonces me llamó y me dijo: "Hey. Ya me la desquité. Me llevé una paloma para Cartagena y le gané la apuesta a un marrano". Aunque yo, por lo general, no le vendo palomas a todo el mundo. Es que muchos se entusiasman cuando ven lo que las palomas hacen, pero luego se les pasa la fiebre cuando se dan cuenta de todo el trabajo que implica mantener a una paloma y terminan por descuidarlas".

El látigo azul, el vuela más que el viento

Los Luna constituyeron una dupla perfecta. José David limpiaba el palomar, les preparaba un concentrado de maíz, millo, cebada, arroz con cáscara y arvejas, y desparasitaba a los corredores cada tres meses. Su papá velaba por el entrenamiento y la representación legal de los mismos. La segunda competencia de sus palomas fue en el 2004. El punto de partida era Manizales. Unos meses antes, cuenta José Miguel, un miembro de la asociación, dueño de varios buses de Brasilia, llegó hasta Las moras para alardear de sus nuevas adquisiciones: unos pichones espléndidos, hijos de un palomo que había ganado más de nueve competiciones en Europa. Cuando vio a José Miguel le dijo:

—Con estos le voy a dar sopa y seco a las palomas de ustedes.

En esos días recién había nacido en el palomar de los Luna un palomo azul. José Miguel, que acababa de salir del baño y tenía una toalla enrollada alrededor de la cintura, fue al patio a buscar el palomo, se lo mostró a su contendor y le dijo:

—¿Sí estás viendo a este pichón? Bueno, pues con este les voy a dar látigo a todos mis contrincantes.

—No me hagas reír. Eso hay que verlo.

—Pues lo veremos.

El día estipulado para la competencia el palomo azul llegó de primero a Barranquilla con un tiempo de 12 horas con cinco minutos. "Desde entonces —dice José Miguel— el palomo fue conocido con el nombre de *El látigo azul*. Más adelante también nos ganamos la competencia Medellín-Barranquilla y Cali-Barranquilla, pero fue la victoria del látigo azul la que me dio a conocer por todos lados. Aquí a mi casa vino un periodista de El Tiempo, otros del canal 4 del Perú y de El Universal de México, otro diario de Puebla y también Especiales Pirry. Esas imágenes como que le dieron la vuelta al mundo, porque un día yo venía caminando por la calle y una turista se apartó del guía para pedirme que me tomara una foto con ella".

Ver para creer

Estoy en una de las dos entradas del Puerto de Barranquilla para presenciar de cerca el vuelo de una paloma mensajera. Un vigilante anuncia mi llegada por radioteléfono y un momento después sale José Miguel Luna, cubierta la cabeza con un casco amarillo, y una paloma al interior de una caja de cartón. Sus compañeros le dicen *El cazador de cocodrilos*, desde el día en que lo vieron atrapar un caimán de aguja cerca del río, aunque le vendría mejor el mote —si no fuera un tanto aparatoso y fuera de contexto— de doctor Dolittle. Esto, naturalmente, por la facilidad que tiene para comunicarse con los animales.

En uno de los videos que me mostró hace unos días vi una manada de iguanas comiendo de la palma de su mano. En otro, somete a un chigüiro furibundo sin necesidad de usar la fuerza. Pero el más sorprendente es aquel en que retira un enjambre de abejas africanas sin proveerse de un equipo especial. ¿Qué de dónde le viene ese don especial?, pues yo no podría decirlo. Cómo tampoco podría uno explicar por qué los lobos respetan la integridad de Shawn Ellis, el hombre que convive con ellos como si fuera un miembro más de la manada, o qué había en Dian Fossey como para que los gorilas le permitieran dormir a su lado, o en todos esos tipos extravagantes, como el desaparecido Steve Irwin, que vemos con frecuencia en Animal Planet y Discovery Chanell, buscando lo que no se les ha perdido.

Se me ocurre pensar que algunos animales pueden bajar la guardia ante personas como José Miguel, al no detectar señales de amenaza en sus signos corporales, o trabar un vínculo más estrecho por simple simpatía. Pero también puede que haya una lección más importante de fondo: hombres y animales se reconocen como iguales, y en esos casos extraños en los que un hombre se vuelve amigo de un león, se cuestiona el título del *homo sapiens* como rey de la naturaleza, que esgrime como un salvoconducto para justificar la explotación de las demás especies. Pero el tema aquí son las palomas, y ya me estoy yendo por otro lado. Lo cierto es que omitir la relación que José Miguel tiene con otros animales, aparte de las palomas mensajeras, sería mostrarlo a medias.

Mientras unos trabajadores del puerto se acercan hasta donde estamos nosotros, aprovecho para preguntarle cuál es la próxima competencia a la que piensa mandar a sus palomas. Entonces me pone al tanto de su retiro momentáneo de las competencias organizadas por la Asociación Colombófila Colombiana. Dos razones explican este hecho. La primera, el escándalo en que se vio involucrado un representante de *Alas libres*, al pedir costosos pichones desde Bogotá que nunca tuvo el cuidado de pagar. La segunda, su trabajo en el Puerto de Barranquilla. Con todo, él sigue haciendo uso del inusual correo familiar: *Servipalomas Luna*. Ahora saca un billete de 10 mil y me dice que escriba algo en un papel junto a mi número de celular para amarrarlo a la pata de la paloma.

—Una vez fui a sacar 10 millones a Maicao y distribuí la plata en 10 palomas distintas, para curarme en salud con los piratas terrestres que azotaban la zona. Otro día atracaron el bus en el que yo venía, a la altura de Caucasia. La flecha fue que yo había mandado con las palomas la plata que me había ganado y cuando los tipos pasaron por mi puesto no me encontraron nada. Todavía es la hora en que voy al banco y los cajeros se sorprenden cuando rechazo el amparo policial y me ven amarrar los billetes a las patas de las palomas. Yo sé que cuando regrese a mi casa, ahí voy a encontrar mi plata segura.

—Pero puede que no siempre esto sea así —digo.

—¿Y por qué no?

—Porque puede haber un gavilán mañoso, entrenado por los fleteros, esperando a sus palomas en las inmediaciones del banco.

José Miguel no ríe. Tiene trazas de ser un hombre duro, al que la risa frecuenta muy de cuando en cuando. Pero aun cuando yo hablara en serio, la tentativa sería inútil. Las palomas mensajeras pueden alcanzar una velocidad de hasta 90 kms. por hora y difícilmente pueden ser aprehendidas por un depredador aéreo cuando tienen pocas horas de vuelo. Llegó el momento clave. José Miguel amarra el papelito a la pata de la paloma y esta se eleva rauda con un alboroto de alas negras y garras coloradas. Trato de enfocarla con mi cámara fotográfica pero en cuestión de segundos ha desaparecido de mi campo visual. Cinco minutos más tarde mi celular empieza a timbrar y José Miguel Luna, con un movimiento de barbilla, me alienta a que lo conteste.

Paul Brito

Barranquilla, Colombia (1975). Autor de la colec-
ción de cuentos *Los intrusos* (Premio Nacional de Libro de Cuentos-UIS 2007. Uno de estos relatos ganó
también el Concurso Noble Villa de Portugalete,
España 2005); *El ideal de Aquiles, 101 minicuentos
para alcanzar a la tortuga* (2010), la novela *La muerte
del obrero* (2014) y el libro de crónicas *El proletariado
de los dioses* (2016). Textos suyos han sido traducidos
al inglés, portugués e italiano. El crítico literario Luis
Fernando Afanador, lo escogió como uno de los cuatro escritores más destacados de la nueva generación
del Caribe colombiano. Colabora en medios colombianos como *El Tiempo*, *El Malpensante*, *Arcadia* y *El
Heraldo*, y en publicaciones españolas como *Clarín*.
Fue relator de la FNPI (Fundación Gabriel García
Márquez para el Nuevo Periodismo Iberoamericano)
en el Taller de Crónica de Jon Lee Anderson *La Barranquilla de García Márquez*. Es editor de la revista
Actual.

El proletariado de los dioses

José María Forte es uno de los pesistas aficionados más extravagantes que conozco. Durante los entrenamientos usa una capa al estilo de los superhéroes, unos zapatos de suela gruesa (es de baja estatura), una camisilla de malla y una pañoleta en la cabeza. Cuando está fuera del gimnasio es un tipo tranquilo, formal y de hablar pausado. En el gimnasio se acelera, se torna infantil y eufórico. "¡Soy un monstruo!", grita a cada momento alzando los hombros y abriendo los brazos como si no le cupieran los dorsales.

Me le acerco y le digo que quiero hacerle unas preguntas para un artículo sobre fisicoculturismo que estoy escribiendo. Me dice que tiene mucha hambre, que ya se han completado tres horas desde su última comida, que mejor lo acompañe a almorzar a su casa. Lo conozco desde que abrieron este gimnasio hace cinco años, pero no conversamos mucho. Nuestra amistad se limita a las paredes del gimnasio, a algunas bromas y a una mano cuando necesitamos ayuda con las pesas.

De camino a su casa va conectado a un mp3 escuchando la misma música electrónica del gimnasio: una música repetitiva que parece hecha para los ejercicios. Su casa queda en un conjunto residencial cerca del gimnasio. Al llegar, le pido prestado el baño.

Tiene un afiche de Arnold Schwarzenegger detrás de la puerta. Casi puedo ver a José María cagando y mirando el rostro estreñido de Arnold. En la mesa del comedor ya está servido su almuerzo: media libra de pollo y una montaña de arroz, acompañadas de un preparado multivitamínico. Delante de su plato hay una hilera de pastillas: varias píldoras de creatina (para ganar energía anaeróbica y tamaño muscular) y un par de tabletas de hydroxycut (le ayudan a quemar la grasa y a definir los músculos). Antes también consumía un producto para resaltar las venas y aumentar el torrente sanguíneo, Nítrix, pero dejó de usarlo, porque le daban dolores de cabeza.

Cuando José María recuerda su niñez o se mira en los álbumes familiares, siempre ve a un niño quebradizo metido holgadamente en un disfraz de Superman. Aunque no fuera carnaval ni noche de brujas, él solía ir vestido como el hombre de acero con su capa roja ondeando en la espalda. Desde que su mejor amigo en la escuela se cayera de un árbol y se rompiera el cuello, aquella era su forma de sentirse seguro.

Gran parte de su vida ha transcurrido al lado de las pesas. Entre tanda y tanda de ejercicios aprendió a bailar, por ejemplo. Aprovechaba las pausas para que su compañero de pesas le enseñara salsa, merengue y vallenato. Una vez su papá entró al cuarto de los hierros y los descubrió en plena lección de baile. El viejo, moviendo la cabeza, farfulló:

—Ya decía yo que ese deporte te iba aflojar los muelles.

José María estudió técnica metalúrgica y desde hace 10 años supervisa el proceso de galvanizado en una fábrica de hierro. Sin que se lo pregunte, me explica que es un proceso mediante el cual se recubre el hierro con otro material menos noble, el zinc, para mejorar sus propiedades. "Me parece curioso —le digo— que un material deba untarse de otro menos noble para mejorar. ¿No será eso lo mismo que pretendemos con las pesas?".

Mira el reloj: en tres horas tiene que volver a comer otra ración de proteínas y carbohidratos. Como su horario de trabajo se extiende toda la tarde hasta la noche, mete otra pechuga y otra porción de arroz en un portacomidas, recarga un termo con más preparado y alista más pastillas en una cajita. Cuando vuelva del trabajo, se subirá a una máquina elíptica que reposa en su cuarto y hará cuarenta minutos de cardio. Antes de dormir, volverá a comer. Mañana se repetirá la jornada.

Mi horario también es muy rutinario. Todas las mañanas, al levantarme, enciendo el computador y leo varios periódicos. Después de desayunar, tomo notas y adelanto un poco de trabajo. Dejo más o menos organizado lo que voy hacer durante el día y me voy al gimnasio a hacer mis rutinas de ejercicios. Entreno poco más de una hora. Cuando no completo ese tiempo, me da remordimiento. José María dice que le pasa lo mismo con las dos horas sagradas que él le dedica. Es como si se tratara de un karma, coincidimos, así ha sido durante los 20 años que cada uno lleva alzando pesas.

Si tuviéramos que escoger un santo patrono, creo que sería Sísifo, ese griego condenado a subir sin cesar una roca a la cima de una montaña para volverla a soltar. Cuando Albert Camus lo definió una vez, de paso nos bautizó a todos los pesistas: *el proletariado de los dioses*.

Master Gym

El gimnasio es una vieja casa reacondicionada en un barrio popular. Encima de la persiana metálica de la entrada hay un aviso luminoso: Master Gym. Las cintas, elípticas y bicicletas estáticas están alineadas donde antes estaban la sala y el comedor; muchas no sirven. La casa se amplió a una parte del patio. Debajo de un techo de zinc y sobre un tapete de caucho agrietado, que cubre a duras penas el piso de cemento, se extienden las máquinas de musculación, la mayoría de ellas remendadas y soldadas por todos lados. Donde antes estaban las habitaciones se derribaron las paredes y se construyó un solo salón para los aeróbicos. El garaje alberga el área de pesas libres, territorio prácticamente exclusivo de los hombres. A veces se asoman niños descalzos y sin camisa para reírse de las caras de sufrimiento que ponemos. Del otro lado de la calle hay una parada de buses donde se detienen vehículos repletos de pasajeros que se quedan mirándonos con curiosidad.

Casi todos los espejos del gimnasio están rotos. Las paredes se ven sucias y la pintura desconchada, sobre todo a una cuarta del piso, donde la gente tiende a recostar los discos de hierro. Hay calados en casi todas las paredes, pero alivian muy poco el calor abrasador. Unos cuantos afiches, amarillentos y cuarteados por el vapor y los sudores, adornan las paredes: uno de ellos siempre me ha llamado la atención. Es Sergio Oliva, apodado El Mito: se trata del único latino que ha ganado el Míster Olympia. Lo hizo en tres ocasiones consecutivas, de 1967 a 1969, y fue el único fisicoculturista en dejar a Arnold Schwarzenegger de segundo en el podio. Su cara mestiza podría ser la de cualquier parroquiano y eso de alguna forma alienta a más de un usuario del gimnasio.

En el salón de aeróbicos hay otros afiches: Shakira y Beyoncé. Varios carteles, manchados como si alguien se hubiera limpiado en ellos, advierten: "No limpiarse en las paredes. Demostremos nuestros buenos modales." Otros pequeños carteles informan el horario y el precio irrisorio de la sesión: 1.500 pesos. Hay dos baños. El de mujeres se mantiene limpio, pero el de hombres parece el de una cantina. A veces es tan acre el olor que desprende, que no se puede entrenar en sus alrededores.

José María compara todo el gimnasio con un taller de metalurgia, donde solo a punta de golpes y altas temperaturas se forjan nuevas formas.

La fiebre verde

Mi comienzo en este deporte fue precoz. Apenas tenía siete años cuando tuve mis primeras pesas. Las hice yo mismo con cosas que encontré en el patio. Recuerdo un cigüeñal de carro y unas latas de cemento fraguadas en los extremos de una varilla. Ya entonces me tomaba en serio los ejercicios, con masoquismo, como debe ser. Me animaba aquella serie televisiva de los años ochenta, *Hulk*, y otra que veía desde más pequeño: *Popeye*, por quien era el único niño que comía compota de espinacas.

En principio no fue una cuestión de vanidad sino de supervivencia. Era muy flaco, un pitillo, y no me respetaban lo suficiente. La historia es típica. Un día, en recreo, me tropecé con un niño de un curso superior y sin querer le derramé la gaseosa. El niño, mucho más robusto que yo, me empujó y salí volando. Alrededor, todos se rieron. Me sentí impotente. Para rematar, unos días después vi a la niña que me gustaba hablando animadamente con el patán. Me puse verde de la ira, pero no lo suficiente como para convertirme en el *hombre increíble*, tampoco las espinacas sirvieron para mucho, entonces debí consolarme con una mutación más gradual.

Por supuesto, la fiebre me duró poco. Influyó que varias personas me advirtieran: "Te vas a quedar enano". Aguanté unos años, llevando la flacura con abnegación. Cuando cumplí 15 no pude seguir posponiendo mi ideal y volví a las pesas. Esta vez mi mamá me hizo la caridad de comprarme una mesa de ejercicios y un lote de discos de hierro en

Sears. A la mesa se le podía graduar el espaldar y tenía una serie de implementos para hacer varias clases de ejercicios. Me acompañaba en los entrenamientos un amigo del barrio todavía más flaco que yo, a quien la abuela le rogaba: "Trata de engordar".

La filosofía que adoptamos fue la misma que había vislumbrado a los 7 años: dosificar el dolor, canalizarlo en un masoquismo sistemático y rutinario, en un sufrimiento secuencial. Es cierto que al final se liberan tensiones, pero durante el ejercicio no existe una compensación inmediata en el ánimo. No se parece en esto a los otros deportes. No hay anotaciones ni jugadas audaces, mucho menos esa comunicación profunda y primitiva entre los jugadores. Se trata de un asunto rabiosamente individual. No hay compañero ni oponente directo. No existe verdadera competitividad. Uno se vuelve narcisista midiéndose con el espejo y vagando por el gimnasio como alma en pena, aferrado a la pantalla de un televisor, a la música del equipo o a las nalgas de una usuaria.

La ley de gravedad

Durante el ejercicio solo se piensa en números: el número de repeticiones que falta para terminar una tanda, el número de series para terminar el entrenamiento, el número de sesiones para que comiencen a verse los resultados. El gimnasio es como una eterna sala de espera. Nos consolamos diciéndonos a cada momento: "Ya falta poco, ya falta poquito". En otros deportes existen momentos épicos o intensos en los que el jugador se desprende de las leyes físicas, se olvida del tiempo y el espacio, quebranta el número y la sucesión, y se desliza sin fricción ni gravedad hacia una canasta o un gol. En el gimnasio, en cambio, estamos condenados a una gravedad inexorable. Nadie va a abrazarte, a ponerse eufórico ni a alzarte en hombros cuando termines una tanda de pecho inclinado.

En las pesas el milagro opera de otra forma: por acumulación. Rellenas el recipiente poco a poco, repetición tras repetición, tanda a tanda, y quizá al final se desborde una gota y puedas ver un mínimo cambio en tu imagen, ésa es nuestra única esperanza, una esperanza solitaria frente al espejo: que un pequeño músculo se rebele (y se revele).

José María lo compara con su trabajo: "Se trata de sacar del material algo que está en el interior de sus moléculas, latente, escondido como su fuerza atómica". El primer tanto será cuando al fin alguien detallista note por encima de tu ropa esa pequeña hinchazón y te haga aquel bálsamo de pregunta: ¿Estás alzando pesas? Que muy pronto cambiará por otra, según la ropa que lleves puesta: ¿Ya no estás alzando pesas? O peor aún, a una más frecuente y llena de perfidia: ¿No haces piernas?

Si respondes que sí, que sí estás alzando pesas o que sí estás haciendo piernas, te responderán: "No se nota". Si por el contrario, le sigues la corriente y dices que no, que nunca has tocado una pesa, no dudarán en rematarte: "Ya lo decía yo" o "¡Con razón!". La única respuesta posible es seguir siendo terco, rutinario y masoquista. Hace poco me hicieron una de esas preguntas crueles: ¿Estás comenzando en el fisicoculturismo? Lo único que atiné a responder fue: "¡Ya terminé!".

No todo se reduce a un asunto de fuerza bruta. La inteligencia sirve en este deporte de manera administrativa: rutinas, ejercicios, alimentación, suplementos, estilo de vida, etc., pero no es útil al momento exacto de la actividad, cuando tienes las pesas encima. En ese momento no hay opciones o estrategias a seguir, hay que pujar y punto, como una mujer cuando está pariendo. Kaká depende de su agudeza para ejecutar un pase preciso y oportuno, Ronnie Coleman en cambio no malgasta su sangre en el cerebro teniendo una tonelada en sus hombros, simplemente la concentra en sus músculos.

La fuerza interior

Le pregunto a José María cuál es el músculo más difícil de sacar y me señala enseguida las pantorrillas. Tenemos casi 20 años ejercitándolas y lo máximo que crece es una vena que pasa por ahí. Sin embargo, seguimos cultivándolas, esperanzados en que los fetos atrofiados que nos asignó la naturaleza por pantorrillas evolucionen a unos potentes gemelos. Somos como esas personas que compran la lotería toda la vida aunque nunca se la hayan ganado o que rezan diariamente con las rodillas ya escocidas y sangrantes. En nuestro caso, con todas las articulaciones del cuerpo machacadas. En el fondo nos complace sumergirnos en un ambiente de martirio y penitencia, porque sabemos que solo al final de ese itinerario de sacrificio y aburrimiento está la verdadera felicidad.

Por eso nos emociona más el entrenamiento de Rocky que el del ruso Iván Drago en la cuarta película de la saga. Un entrenamiento que se aleja del confort y de las comodidades tecnológicas, que depende más de nuestra fuerza interna, que de la ergonomía de las máquinas. Por la misma razón me atraen más los gimnasios populares. En el que estoy afiliado ni siquiera hay que llevar toalla. La gente va hasta en chancletas. Las máquinas están tan desportilladas que parecen parapléjicas. En cada rincón acechan el óxido y el tétano. Las guayas están a punto de romperse. La prensa para piernas es una guillotina, una trampa mortal. En cada momento te juegas el pellejo, pero eso te hace sentir acreedor de una mayor recompensa divina.

Fiel a esa fórmula ascética lo que más me gusta hacer es piernas. Cuando estoy haciendo sentadillas, se me van las luces y me ataca a veces la famosa "pálida", ese violento bajón de azúcar y oxígeno en la sangre. La Pálida que ronda en los gimnasios no es otra cosa que la Muerte.

Pero entonces, si son tan terribles e inhumanas las pesas, ¿por qué sigo levantándolas? Quien ha tenido una peladura en la boca se acordará de la saña placentera con que siguió lastimándose. Recordará el gustico que le cogió al dolor y a la sangre. Más allá de esta consideración masoquista y de otras más obvias (gustarles a las mujeres o intimidar a los hombres), la razón principal por la que sigo matándome en el gimnasio creo que está en la misma raíz de esta palabra. *Gym* es un vocablo griego que significa desnudo. La palabra griega *gymnasium* significaría 'lugar donde ir desnudándose', y se utilizaba en la Antigua Grecia para referirse al lugar donde se educaban los jóvenes. Me gusta pensar en el gimnasio como ese lugar donde uno se empelota, se aligera. Después de luchar dos horas contra la gravedad, se experimenta una milagrosa sensación de ingravidez; uno se siente más desnudo que nunca, precisamente porque se ha dejado en segundo plano el trasto más pesado del cuerpo: el cerebro y su férrea dictadura.

Más allá del dolor

Como todo escenario, los gimnasios tienen su propio elenco. Nunca falta, por ejemplo, la instructora marimacha. Me cuenta José María que una vez le presentaron una en España. Había ido a hacer un curso de metalurgia financiado por la empresa y no pudo evitar pasarse por un gimnasio. Aunque allá se acostumbra a dar dos besos cuando te presentan a una persona del sexo opuesto, instintiva y temerosamente José María le extendió la mano, lejos de sus mejillas.

Está también la gorda eterna e insistente, a la que lo único que se le va enflaqueciendo es la esperanza. El chulo o la chula que va a "pantallar" y a arreglar el plan del fin de semana. El usuario que asiste una vez y no vuelve jamás. El entrenador "avión", que manosea a las ingenuas y las pone en las posiciones más inverosímiles. El fanfarrón que hace más ruido que ejercicios. Los que ejercitan más la lengua que los otros músculos. Los que solo van a recibir clases de aeróbicos, *bodypump* o *aerobox*, y que para José María son los astronautas del gimnasio: saltan y bailan como si la gravedad —esa dueña y señora del gimnasio— no existiera. En las clases de spinning incluso apagan las luces y ponen flashes y brillos fluorescentes como si estuvieran en una nave espacial.

Está la muchacha asustada que llega por primera vez al gimnasio y le preguntan:

—¿Tú quieres reducir, endurecer o tonificar?

—Huir.

También están los que siempre se lesionan y accidentan. A un compañero de José María le cayó una torta de hierro de 25 libras en el pie infligiéndole un corte de unos seis puntos. Lo tuvieron que llevar cargado hasta donde un médico del barrio. El compañero que ayudó a José María a trasladar al accidentado se estaba quejando, porque tenía que cargarlo de forma desequilibrada y se le iba a desarrollar más un músculo que el otro. Justo cuando el médico lo fue a atender, se soltó el perro de la casa, saltó sobre el herido y le mordió el pie. De los seis puntos que iban a ponerle, tuvieron que coserle nueve. José María y el otro pesista dejaron todo en manos del doctor y volvieron al gimnasio a terminar religiosamente la sesión. El accidentado regresó al día siguiente y mostró la cicatriz como un trofeo de guerra; de inmediato se dedicó a hacer pesas de la cintura para arriba.

Interrumpo a José María en su chorro de anécdotas y lo confronto: al final ¿qué es lo que buscas en el fisicoculturismo? Se queda pensativo. "Algo que está más allá del dolor", afirma enigmáticamente. Entonces recuerdo unas palabras de Silvester Stallone cuando iba a filmar la gran pelea de Rocky contra Apollo en el Sport Arena de Los Ángeles: "Quiero que se sude poesía, pues el final del combate debe ir más allá del dolor". A José María y a mí nos interesa ese momento en que, agotados el sudor, las lágrimas y la sangre, queda por exprimirle poesía al dolor.

Antes de despedirme, reparo en su atuendo y recuerdo que le falta algo: ¿por qué usas la capa de superhéroe durante los entrenamientos? Se ríe. "Esa capa no sirve para nada y si quieres pregúntaselo a cualquier superhéroe. Todos la usamos de adorno. Pero por lo menos da la impresión de que con ella estás violando la ley de gravedad. Me gusta esa esperanza en el espejo".

Gerardo Ferro

Cartagena, Colombia (1978). Autor de los libros de cuentos *Cadáveres Exquisitos* (2003) y *Antropofobia* (2006), y las novelas *Las Escribanas* (2012) y *Cuadernos para hombres invisibles* (2016). Premio Nacional de Cuento-Joven Ciudad de Bogotá (2003), Premio Nacional de Cuento de la Universidad Industrial de Santander (2006), Premio de Cuento Álvaro Cepeda Samudio (2005), y Premio Regional de Cuento (2003) y de Novela (2012) del Instituto de Patrimonio Cultural de Cartagena. Finalista del IX Premio Iberoamericano de Relatos Corte de Cádiz (España), del V Premio Nacional de Cuento La Cueva (2016) y de la XII versión del Premio Nacional de Cuento de la Cámara de Comercio de Medellín. Colaborador de *El Malpensante, Número, la Revista Universidad de Antioquia, Odradeck*, la revista virtual *Hermano Cerdo*, en suplementos literarios de diarios como *El Universal* (Cartagena) y *El Heraldo* (Barranquilla), y en las antologías *De 1 a 10* (IDCT de Bogotá, 2003), *Señales de ruta* (Arango Editores, 2008), y *Corazón habitado, últimos cuentos de amor en Colombia* (Editorial Algaida, 2010, España). Su libro *Antropofobia* fue catalogado por el blog literario *El laberinto del minotauro* como una de las 50 obras suramericanas que todo el mundo debería leer antes del apocalipsis. Coeditor de la revista virtual *Hispanophone*.

Pájaros

A mi padre, a mis abuelos

Uno

Los niños están debajo de la cama. La neblina helada que cubre el pueblo se cuela por los resquicios de las ventanas. Isaura y Rosalba lloran, no saben exactamente qué ocurre pero el pánico que invade la casa las hace llorar. Ígneo las abraza. Desde el escondite escuchan los susurros de su madre.

Alguien toca a la puerta. Lúcida se incorpora del asiento en donde ha permanecido rezando desde que escuchó los camiones entrando al pueblo. Va hasta el cuarto, se agacha debajo de la cama, abre bien los ojos y se lleva el dedo índice a la boca en señal de silencio. Luego camina lentamente hasta la puerta y pega el oído derecho al tablón de madera. Vuelven a tocar.

—Soy yo, ábreme rápido —le dicen del otro lado.

Lúcida lanza un suspiro de tranquilidad y entreabre la puerta para que Pórfido pueda entrar.

—Ya se fueron —le dice su marido una vez adentro, caminando hasta la sala, buscando una silla donde sentarse.

—¿Dónde estuviste? —le pregunta Lúcida, de pie, frente a su esposo.

—Me escondí en el billar. Cuando vimos los camiones no nos dio tiempo de movernos. Si hubiesen entrado ahí me agarran.

—Pero por qué dices eso… no sabes si vendrán por ti…

—Nadie sabe que vendrán por él hasta que vienen.

—¿A quién se llevaron esta vez?

—A don Carlos, el de la botica. Tumbaron la puerta a culatazos y lo sacaron a rastras por el pelo.

—¡Y qué tiene que ver un simple boticario con toda esta locura! —exclama Lúcida, sin dejar de masajear las pelotitas del rosario que tiene entre sus manos.

—Ellos se llevan al que quieren, Lúcida, sin explicar nada, sin que les importe nada.

—Tenemos que irnos de aquí, Pórfido, tenemos que irnos ¡ya!

—Estoy arreglando las cosas para irnos, no podemos hacerlo así no más. Por ahora tienes que calmarte.

Lúcida le hace caso, jala otra silla y se sienta en ella.

—¿Tú familia te ayudará?

—Es lo que me han dicho… Están buscando po-
sibilidades de trabajo en Kalamarí.

—¿En Kalamarí?

En la calle, los perros siguen ladrando a la oscuridad. Lúcida recuerda que los niños aún permane-
cen bajo la cama y va hasta el cuarto.

—Niños, ya pueden salir, su papá regresó.

Isaura y Rosalba dejan de lloran, se toman de las
manos y siguen a Ígneo, el mayor de los tres. En
la sala se detienen a varios metros del sillón donde
Pórfido continúa sentado, pensativo.

—Les he dicho mil veces que cuando esos camiones lleguen no pueden llorar, no pueden hacer nin-
gún ruido.

—¡Isaura fue la que lloró primero! —grita Ígneo.

Pórfido está cansado y no quiere seguir la discusión.

—Vayan a dormir —les ordena—, mañana no
hay escuela.

Dos

A las 12 en punto, Lúcida escucha el ruido de un motor aproximarse. Con algo de miedo se asoma a la ventana. En la oscuridad de la esquina, las luces del vehículo se encienden y apagan tal como lo acordaron. Rápidamente va hasta la habitación donde duermen los niños. Esa noche los acostó antes de tiempo, los metió vestidos bajo las cobijas y les advirtió que deberían despertarse temprano porque se irían de viaje.

—¿A dónde? —le preguntó Ígneo.

—Nos vamos para el mar—le respondió Lúcida y los niños se pusieron felices.

Así que al momento de levantarlos ninguno puso problemas.

—Apúrense —les dice Pórfido en voz baja mientras agarra las maletas que han estado esperando junto a la puerta. Lúcida carga a la pequeña Rosalba, que sigue somnolienta, y le ordena a Ígneo que agarre a Isaura de la mano. Así lo hace y salen de la casa.

El conductor no ha apagado el motor del viejo Chevrolet; se mantiene alerta viendo la negrura fría de la calle. La frente le suda, sabe que si lo detienen puede meterse en problemas. Pero Pórfido es amigo de los buenos y desde hace mucho. En todo caso, le pide que se apresure. Pórfido deja el equipaje en el amplio maletero y ayuda a Lúcida con los niños en el puesto trasero, luego le da un beso en la frente a su esposa, alcanza a sonreírle y se sube al puesto del copiloto.

—Vámonos —le pide al conductor, y se internan en la noche buscando la salida del pueblo.

—¿A qué hora llegaremos? —le pregunta Lúcida a su esposo.

—Son 12 días en río hasta Kalamarí. El viaje es largo.

Lúcida arropa a los niños que ya se han quedado dormidos, luego mira por la ventana y piensa con miedo en todo lo que puede suceder en 12 días. A pesar de que se conoce el trayecto de memoria desde la noche en que Pórfido le contó que todo estaba listo, Lúcida sigue preguntando por la duración del viaje y repasando en su cabeza el itinerario. "12 días se pasan rápido", piensa para tranquilizarse.

—¿Qué haremos cuando estemos allá?

—Conoceremos el mar, Lúcida. Ya te dije que la casa queda cerca del mar.

—¿Pero después de eso qué haremos?

—¡No te preocupes más, mujer! Trata de dormir un poco.

—No puedo dormir.

—Lo peor ya pasó, Lúcida. Todas las noches me preguntabas cuándo nos íbamos a ir y ahora que nos vamos…

—No es eso… es que de todas formas me da miedo.

—Trata de dormir.

Lúcida vuelve a mirar a través de la ventana. La vegetación a cada lado del camino es un manto negro, inhóspito y amenazante.

—Y el dinero, ¿nos alcanzará?

—No te preocupes. Con lo que me prestó la familia alcanza.

—Hay que pagarles hasta el último centavo…

—Sí, hasta el último.

La pequeña Rosalba, que descansa sobre el regazo de su madre, entreabre los ojos.

—¿Ya llegamos, mamá?

—No. Primero hay que cruzar un río —le explica.

—¿Un río? ¿Y cuánto mide el río? —le pregunta Rosalba y cierra los ojos.

Lúcida no le responde, vuelve a mirar la carretera oscura abriéndose entre las luces del carro, luego extiende su mano y toca el hombro de su marido. Pórfido gira el torso hasta quedar de frente a su mujer.

—¿Cuánto mide el río? —le pregunta Lúcida con los ojos acuosos.

Pórfido le sonríe sin saber qué responder; el silencio puede ser un espejo de horrores. Están aterrados, temblorosos, como si acabaran de darse cuenta que la carretera negra por la que viajan no terminará nunca. Pórfido no soporta la mirada de su esposa y le vuelve a dar la espalda. Desde allí le responde lo primero que se le ocurre:

—Cuando lleguemos a Kalamarí se olvidarán de todo.

Lúcida se relaja. Ella sabe que el río mide lo que miden todos los muertos que llevan sus aguas. Así que le hace caso a su esposo y cierra los ojos para descansar. "Cuando lleguemos se olvidará todo", piensa, y vuelve repetir la frase en su cabeza hasta quedarse dormida.

Tres

Lo primero que piensa Lúcida es que no podrán ponerla en pie. La casa está rota, a medio construir, igual que el barrio. Las paredes de ladrillos sin pintar están dobladas y endebles, a punto de venirse abajo con el más mínimo ventarrón. Las habitaciones están vacías. El suelo es de tierra y baldosines rotos. Los vidrios de las ventanas están manchados por el salitre. La maleza de las calles rodea la casa. Lúcida está cansada y le tiemblan las piernas.

—La iremos levantando poco a poco, como todos los de por aquí —promete Pórfido.

Sólo unas pocas casas, apenas en mejor estado que la de ellos, se levantan en los alrededores. Las calles están cubiertas por una fina capa de arena que brilla como diminutos espejuelos. El cielo está despejado. El calor es sofocante. Un enmarañado sistema de vegetación que mezcla matarratones, almendros, laureles y enredaderas de verdolaga, crece a lo largo y ancho de las calles. El barrio es un territorio salvaje, recién descubierto.

—¿Qué es eso que huele así, mamá? —pregunta Rosalba.

Un intenso olor a algas podridas invade el aire. Pero ni Lúcida, ni Pórfido saben a qué huelen las algas podridas.

—No sé, debe ser el mar —responde Lúcida—, debe ser el olor del mar.

Así que todos recuerdan que el mar está cerca, que

el río murió en el mar que añoraban, que ese sonido que escuchan a lo lejos, como un bramido que se repite, deben ser las olas. Así que dejan las maletas sobre el suelo y salen a la terraza. Ígneo se aventura un poco más y camina hasta la mitad de la calle.

—¡Vengan, desde aquí se ve el mar! —les grita.

El resto de la familia camina hasta donde está Ígneo. En efecto, la ausencia de casas permite verlo desde cualquier punto del barrio. El mar es de un verde profundo, y es inmenso y es hermoso.

—¿Ese es el mar, mamá? —pregunta Isaura.

—Imagino que sí —responde Lúcida, encogiéndose de hombros.

En ese momento se dan cuenta de que están solos; no hay nadie más por las calles arenosas del barrio.

—Ígneo, mira si hay alguien en las casas —le ordena Pórfido a su hijo.

El niño se asoma por una ventana.

—No veo a nadie, papá.

Luego corre hasta otra casa que se levanta unos metros más adelante, se empina sobre la ventana y mira al interior.

—¡Aquí tampoco!

La familia permanece estática. El hecho de ser

los únicos que están en el barrio los llena de una sensación de vacío, como si estuvieran allí pero al mismo tiempo no estuvieran, como si aún siguieran viajando por esa carretera en tinieblas, como si las aguas del río se los siguieran llevando.

—¡En esta casa tampoco hay nadie, papá! ¿Dónde están todos?

—Deben estar en el mar —dice Pórfido mirando el oleaje que se percibe a lo lejos, sin mirar a Lúcida, aunque la mirada de su esposa le esté quemando la nuca.

—¿En el mar? —pregunta ella.

—Sí, en el mar, ¿dónde más podrían estar?

Así que Ígneo, que ha escuchado la conversación, avanza por la calle de tierra en dirección al mar. Los demás hacen lo mismo. Atraviesan las enredaderas de verdolaga y los palos de laurel hasta llegar a la playa. El mar es interminable y es fuerte. Millones de diminutas caracuchas forman una alfombra crujiente; sobre la arena se amontonan pilas enormes de algas podridas, ya secas por el sol. Pórfido tenía razón. Los vecinos están diseminados por la playa, caminando entre las dunas, o simplemente estáticos al lado de las montañas de algas rojas observando el movimiento monótono de las olas. En la orilla, Ígneo observa a un niño de su edad que lanza piedras al mar. La pequeña Rosalba deja de corretear mariamulatas y se dirige hasta donde están sus padres. Una bandada de pájaros cubre el cielo.

—Mira, mamá, son pájaros, muchos pájaros —le dice Rosalba.

—Sí, son pájaros…

—¿Aquí también vendrán ellos? —le pregunta la niña.

—No —le responde Lúcida mirándola. Luego dirige la mirada hacia su esposo.

—Ya verás, dentro de poco olvidarán todo —le dice Pórfido.

—Es la segunda vez que lo dices —le recuerda Lúcida.

Pórfido no soporta la mirada húmeda de su esposa y se concentra en el océano. Lúcida hace lo mismo.

—¿El mar siempre es así de grande, mamá? —pregunta Rosalba.

—Sí, así de grande —responde Lúcida sin dejar de mirar los pájaros que vuelan en el cielo.

—¿Cuánto mide el mar, mamá? —vuelve a preguntar la niña.

—No sé—le responde.

Pero Lúcida sí sabe: el mar mide lo que miden los sueños.

Víctor Alfonso Moreno Pineda
Sahagún, Colombia (1985). Licenciado en Lengua Castellana de la Universidad de Córdoba y Candidato a Magíster en Educación de la misma Universidad. Profesor catedrático de la Universidad de Córdoba. Autor de artículos y crónicas publicados en *El Heraldo* de Barranquilla, *El Meridiano* de Córdoba y *Las2Orillas*. Invitado como comentarista cultural a varios programas televisivos.

El feliz retiro forzoso de la seño Susana

Primero

Una piedra sale despedida por los cielos. No se sabe quién la lanzó, pero en segundos se sabrá cuál fue su blanco. Un niño llora mientras la sangre le borbotea en la frente. Decenas de estudiantes señalan al culpable. Este jurará por Dios, su madre y todos los santos que no hizo nada. Dos: una niña de cabellera rubia y ojos verdes, extraña para un colegio público del Caribe, camina rozagante por el pasillo de la escuela. Una pierna traviesa se interpondrá en su alborozado andar. Ella se irá de bruces. Llorará y hasta en los salones de preescolar, los más lejanos, se escuchará su grito desgañitado. Tres: Un niño bravucón lanza improperios contra otro más pequeño. Este último no soporta que en su cara le mienten la madre. Se empujan y se carean antes de empezar a lanzarse trompadas que, a falta de jabs o rectos, parecerán roletazos fallidos de beisbolista. Así seguirán suscitándose encuentros y desencuentros en la sede San Roque de la Institución Educativa Andrés Rodríguez. Pero la seño Susana ya no estará aquí.

He vuelto al salón para una segunda entrevista. La escena es la misma de la vez anterior: el pupitre, los niños querellándose y el ruido alrededor. Lo único distinto es la camisa de azules almirante y ártico que luce esta mañana; la seño está a la espera de la carta que certifique su retiro. Cada día transcurrido es uno menos en una cuenta que pronto terminará.

—¿Y usted se quiere ir del colegio? —le pregunto.

Durante la conversación nos acompaña siempre el barullo de los pasillos y las querellas de los niños. Gritan los profesores regañando a los estudiantes, gritan los estudiantes al intentar callar a otros estudiantes y gritan los padres mientras recogen a sus hijos al medio día. El ruido nos recuerda la lidia diaria de los maestros: el llanto sin razón, la queja reveladora, la caída inoportuna, la sangre a borbotones, los mocos en la cara, el niño flatulento. Pasajes transitados por la seño Susana durante 45 años de trabajo.

Sin embargo, la conversación es tranquila. Ella habla con un laconismo poco provechoso para quien está interesado en saber sobre su vida como maestra de escuela pública. Ante esta pregunta —la última de esta entrevista—, la seño responde con apremio:

—No, yo no quiero irme. Me da muy duro.

El ruido parece cesar. Sus ojos empiezan a vacilar en el espacio. Busca un punto del salón donde mirar, donde apoyarse. La garganta quebrada, los ojos lastimeros, las manos dudosas. Hasta este momento es una entrevista sin sobresaltos. La seño Susana ha respondido cada una de mis preguntas sin prisa y sin pena. Sin embargo, pensar en irse, dejar una parte de su vida atrás y entrar al feliz retiro, terminan por socavar la firmeza con que hasta ahora ha contestado. Continúa en silencio otro instante.

La idea de escribir esta crónica surgió el mismo día del cumpleaños de la seño Susana. Ella había alcanzado la edad de pensión 10 años atrás, pero continuó trabajando consagradamente en la sede San Roque de la Institución Educativa Andrés Rodríguez B. a la espera de cumplir 65 años. Con esa edad, y por fuerza de ley, debía retirarse de sus funciones como maestra de escuela primaria. Esto ocurrió el pasado 15 de septiembre. Ese día, además de la celebración por su cumpleaños, se le rindió homenaje por su retiro del colegio. La celebración por la vida, el adiós de la maestra.

Hechos como estos suelen ocurrir todos los días en Colombia. ¿Qué puede haber de especial en el retiro de un docente? En Colombia nos hemos acostumbrados a hablar de las grandes cosas, de los grandes personajes. Lo cotidiano —por cotidiano— lo descartamos de inmediato. Y cuando de maestros se trata, esto aplica a cabalidad.

La profesión más desdeñada en Colombia es la docencia. Si bien el magisterio colombiano ha luchado por una docencia digna, un docente en particular se extravía en la maraña del sistema educativo. Si en Colombia no se reconocen las escuelas, difícilmente podemos hablar del reconocimiento al maestro. Todo queda hasta el Premio Compartir que en los últimos años ha sido el único mecanismo de visibilización de los maestros de escuela. Lo demás —ir al salón y dictar clases, esperar la miseria de salario cada fin de mes, endeudarse con los bancos, asistir a las marchas, putear al presidente de turno, educar a hijos ajenos y malcriar a los propios, repetir mil veces los mismos temas y esperar que pasen los años para pensionarse— transita así: lento y discreto, como si no se hiciera, como si nadie lo viera.

Si algo define a la profesión docente es el ritmo de vida cíclico. El calendario, las clases, los conflictos, todo siempre se repite. Así, durante los 37 años que tiene de estar trabajando en la sede San Roque, Cleotilde Susana, como la bautizó su madre, ha cumplido sin mácula su ritual de asistir a clases. Con la fragilidad de los años camina las pocas cuadras que separan su casa de la escuela. Luego recorre con una mirada lánguida cada rincón de su salón de tercer grado. A las seis y media de la mañana una treintena de muchachitos paliduchos y astrosos empiezan a ocupar sillas y pupitres. La voz aflautada de la seño Susana se filtra a través del caos y logra en pocos minutos instaurar orden y silencio.

Los estudiantes de la sede San Roque son de los más difíciles de Sahagún, municipio ubicado al suroccidente del Caribe colombiano. Se juntan en ellos la pobreza, la desnutrición, la ignorancia de los padres y la agresividad que provoca vivir en medio de la marginalidad y el desafecto. Aun así, la seño Susana supo amoldarse a las nuevas generaciones, y la clave fue la ternura porque, como ella misma dice, "los niños que se tratan mal, terminan tratando mal a sus compañeros".

La seño retoma la compostura del inicio de la entrevista y continúa.

—Es duro. No me quiero ir. Me da mucha nostalgia. Pero ya a la edad de uno es bueno descansar. Eso sí, me voy muy agradecida con Dios, con mis compañeros y con la rectora.

La seño Susana le debe su vida a la docencia. Gracias a ella encontró a su esposo, el profesor Toño. Gracias a su trabajo educó a sus tres hijos y a más de un sobrino. Con la docencia se ganó el respeto de padres, estudiantes y colegas. Y eso no es fortuito.

Cuenta la seño Susana que el destino docente se lo marcó su madre. "Yo me voy para Sahagún con mi hija y la voy a poner a estudiar. Mi hija tiene que ser maestra", decía doña Cleotilde. En aquella época vivían en Morrocoy, zona rural de Sahagún. La seño Susana era la menor de ocho hermanos y todos habían hecho una irregular educación primaria en la escuelita de la vereda. Su madre, llena de valor, dejó su finca y se llevó a su última hija para Sahagún. La seño cuenta que escuchó muchas veces a su madre relatar la historia: "Todas mis hijas se casaron jovencitas, pero esta no. Esta me la voy a llevar para Sahagún porque allá va a estudiar".

Ya en el pueblo, la seño Susana cursó la primaria en el colegio Sagrado Corazón de Jesús y años más tarde saltó a la Escuela Normal para Señoritas. Allí se graduó como maestra.

—¿Seño, y en aquella época cómo veía la gente al maestro?

—El maestro era un personaje insigne del pueblo; junto al alcalde y el sacerdote eran los más importantes.

"Los tiempos cambian", pienso mientras la escucho hablar.

Segundo

Sahagún es un pueblo aburridamente feliz. No tiene montañas ni ríos. No sufre por un deslizamiento de tierra ni por una inundación. La mayoría de la gente muere en la vejez o por un cáncer letal. Nadie aguanta hambre más allá de una mañana. Los indigentes se cuentan con dígitos. Locos, hay dos o tres. La delincuencia está ligeramente controlada, y salvo por uno que otro ladrón avezado, la mayoría roba una cartera, un celular o las ollas que la vecina olvidó guardar la noche anterior. Asesinatos, ocurren máximo 10 al año. Jamás ha sufrido ataques o atentados masivos de la guerrilla ni de los paramilitares. Los políticos roban con total holgura y los curas callan con estúpida impunidad. Los niños pobres van a escuelas públicas y los ricos a escuelas privadas. Aunque ya hay agua, esta llega cuando se le antoja. Por todo esto, en Sahagún un docente puede cumplir, sin mayores angustias, su deber principal: enseñar.

Los maestros, sin embargo, no siempre son una figura pública positiva. Aunque no es exclusivo de Sahagún, el maestro de aquí es un autómata del oficio. Y es quizá por el mismo aire de conformidad y sosiego que se respira en las calles del pueblo.

El maestro va a la escuela, pero no se cuestiona; prefiere cuestionar a los otros. Enseña, pero no hace nada por aprender. Habla sobre investigación, pero no investiga. Entra al aula, pero no vive la clase. Dice cómo se deben hacer las cosas, pero no las hace. Y esto aunque no es regla general —pues siempre habrá docentes buenos y malos—, ocurre.

La infraestructura de los colegios públicos de Sahagún la envidiaría cualquier otro municipio de Colombia. Aquí hay de todo: computadores, hasta para prestarle al vecino; sillas, incluso para alzar las piernas; tableros; marcadores; televisores de alta definición; proyectores; colecciones de libros. Digo esto porque algo pasa cuando en las aulas pasa el tiempo. Muchos de los jóvenes colombianos no logran llegar a la educación superior. En Colombia anualmente se gradúan como bachilleres cerca de 600 mil jóvenes y de ellos solo el 47% accede a una carrera profesional o técnica.

Pero medios para poder estudiar, aunque muy escasos, existen y excelentes estudiantes en las instituciones públicas también. Pero las ganas merman, los proyectos se embolatan y las aspiraciones se pierden conforme van pasando los años en los salones de clases. Ese perderse en el futuro, ese embrollarse en la hojarasca inicia en un momento determinado. Y la educación primaria es ese momento. De la primaria salen los deportistas, los científicos, los artistas. Es ahí donde se siembra la semilla. El maestro de primaria, entonces, debe ser sensible: intuir la potencialidad del niño, proyectarlo hacia el futuro, llenarlo de confianza.

—¿Seño, qué siente cuando ve pegando bloques a un muchacho que fue su estudiante?

Me responde, como suele, con una anécdota.

—Precisamente en estos días estaba sentada en la puerta de la casa conversando con mi esposo y pasó un muchacho que iba uniformado de policía. De policía de palito, como dice uno. Él fue mi estudiante y era muy inteligente, pero también muy pobre. Yo le dije a Toño: "Ay, Dios mío, yo pensé que ese muchacho estaba en la universidad estudiando". Y Toño me respondió: "No, si él se metió fue de policía". Y, mire usted, ese muchacho bueno no pudo presentarse nunca en la universidad y allí está él: de policía de palito.

Si un chico pobre desea ser profesional primero debe pasar el filtro de selección de una universidad pública. Estas escogen el 30 o 40% de los aspirantes. Después, el estudiante debe sufrir mínimo cinco años entre talleres, parciales y mucha hambre. Si un chico pobre desea ingresar a la policía sabe que, de ser escogido, en año y medio puede obtener el cargo de patrullero. Un chico recién egresado de la universidad demora entre seis meses y un año en conseguir su primer empleo y el joven policía sabe que desde el día después de la graduación empieza a ganar billete.

Pero entrar a la policía no es fácil. Sobre todo, cuando no se tiene dinero para pagar un curso que cuesta varios millones de pesos. Por eso para entrar a la escuela de patrulleros, muchos jóvenes pobres entran primero como policías auxiliares para pagar el servicio militar obligatorio. Policías de palito, los llaman popularmente porque su única arma es una macana.

El policía está en las antípodas del profesional. Mientras el uno es la fuerza y la celeridad, el otro es el estudio y la constancia. Quizá por eso la seño Susana asumió como triste el destino de su estudiante ejemplar. Ella me dice que conversa mucho con sus niños sobre el futuro. Y para motivarlos suele narrarles la historia del expresidente Marco Fidel Suárez. Cuando estuvo en Bello, Antioquia, la escuchó y hoy la utiliza para explicarles el valor de la educación. Les habla del origen humilde del expresidente y de la curranchita de techo de palma y piso de tierra donde vivía con su madre y su hermana. Les dice que la mamá lavaba ajeno y hacía galletas y empanadas para que él las vendiera por la calle. Después de vender, Marco Fidel regresaba corriendo para ir a la escuela. "La clave es la dedicación y el interés en el estudio", me dice la seño. Remató su historia contándome una anécdota particular sobre el presidente: una vez el niño Marco Fidel no tenía un lápiz para escribir en el colegio. Fue a una tienda y se lo pidió fiado al tendero del pueblo; "mire, se lo pago cuando sea presidente", le dijo. Con el paso de los años, Marco Fidel regresó siendo presidente de Colombia y saldó su deuda con el viejo tendero.

—Yo he tenido muchos estudiantes buenos sin oportunidad de estudiar en una universidad —me dice la seño con gesto de frustración—. Eso es muy penoso.

Tercero

La mañana del 15 de septiembre la sede San Roque de la Institución Educativa Andrés Rodríguez B. suspendió sus actividades académicas. Esa mañana las clases fueron reemplazadas por una eucaristía y por actos culturales. El motivo era uno: el cumpleaños de la seño Susana. A la celebración asistieron los colegas de la sede, los padres de familia y los estudiantes. Estuvieron también la rectora María Sierra y los coordinadores. La misa fue emotiva y los actos culturales sobrios y planeados en la marcha. Un niño cantó unos versos desafinados en honor a la seño. Otro recitó un irregular poema escrito para la ocasión. No faltaron los discursos improvisados de agradecimiento. Llanto y aplausos fueron uno solo esa mañana.

Por la noche se realizó una cena especial. Allí estuvimos los docentes de las tres sedes del Andrés Rodríguez B.; excompañeras de trabajo de la seño Susana y familiares de los Bula Hoyos, el matrimonio que había conformado el profesor Toño con la seño Susana. La celebración se hizo en una sala amplia y ornada honrosamente. Unos globos aquí, unas cortinas allá le daban a la celebración un esmero que coincidía con la delicadeza y decoro de los asistentes. Volvieron a aparecer las lágrimas, los aplausos y los abrazos. Los sobrinos de la seño, por la ausencia obligada de los hijos, leyeron una carta de gratitud que parecía más un discurso fúnebre. No solo se celebraban los 65 años de la seño Susana, también sus casi cinco décadas de trabajo docente. Todo empezó en el colegio El Carmen de Planeta Rica e iba a terminar varias semanas después en el que en su momento fue el Centro Docente San Roque y hoy la sede San Roque de la Institución Educativa Andrés Rodríguez B.

Al San Roque llegó cuando el colegio funcionaba en La Capilla. En esta cincuentenaria construcción, aún en pie, estudié mi preescolar a comienzos de los 90. Recuerdo claramente el patio lleno de maleza, los niños desperdigados y el rostro jovial de la seño Susana y del profesor Toño. Ninguno de los dos fue mi maestro.

Antes de llegar aquí, la seño Susana trabajó en el corregimiento Las Llanadas, zona rural de Sahagún. Allá llegó —me dice— después de trabajar un año en un colegio privado de Planeta Rica.

—¿Usted recuerda su primer sueldo?

—¡Ah, claro! En el bachillerato yo tenía un profesor, el profesor Piña. Recuerdo que en 11 grado él nos decía: "estudien, niñas, terminen rápido. Miren que un profesor hoy en día se está ganando 1000 pesos". Y al año siguiente, cuando me fui para Planeta Rica, la dueña del colegio donde llegué a trabajar, nos daba la alimentación y nos pagaba 1000 pesos libres. Fue entonces cuando le empecé a comprar los muebles a mi mamá.

El nombramiento en el sector público lo consiguió por medio de un político de la época. El contacto lo hizo su hermano quien la llevó directamente a hablar con el Secretario de Educación de Córdoba.

—Nómbreme tres partes donde usted quiera trabajar —le dijo el secretario.

—Le mencioné el municipio de Chinú y los corregimientos de Colomboy y Las Llanadas —relata ahora la seño Susana. Finalmente escogió Las Llanadas.

En Las Llanadas, la seño Susana trabajó durante varios años. Después fue trasladada al colegio Las Mercedes y por último al San Roque. Como el profesor Toño también trabajó y se pensionó aquí, le pregunto por el lugar y las circunstancias en que se encontraron.

—Nos conocimos allá en Las Llanadas.

—¿En Las Llanadas?

—Esa es una anécdota —sigue contándome, con pícara nostalgia—. Allá todas éramos mujeres. Y no había un hombre que diera la educación física. Entonces, por la fecha llegó al colegio un supervisor de la secretaría de educación. El hombre revisó procesos, visitó salones y conversó con nosotras las maestras. Y entre las muchas necesidades del colegio, mis colegas y yo solo atinamos a pedir un maestro para que nos ayudara con la educación física. "¿Por qué no nos mandan un profesor para acá?", le pedí al supervisor. "Manden un hombre que acá no hay un solo maestro", le repetí. Y entonces mandaron a Toño.

Cuarto

Yo conozco muy bien esta escuela: aquí estudié el preescolar y la primaria. Conozco sus maestros. Varios de ellos fueron mis profesores. Conozco los estudiantes. Sé de dónde vienen, de qué barrio, de qué sector. Conozco a los padres de familia. Muchos de ellos fueron mis compañeritos de salón; otros, mis amigos de barrio. Sé la precariedad con que han vivido ellos y sus hijos. Sé que a muchos nunca les gustó el estudio y por eso hoy se dedican a ganarse la vida como albañiles, verduleros o mototaxistas. Otros que sí tuvieron vocación y disciplina para el estudio no los acompañó la suerte. La suerte pocas veces está del lado de los niños que estudian en los colegios públicos de Colombia. El futuro les viene signado: estudia la primaria y termina el bachillerato. Después Dios proveerá. Y casi siempre Dios no provee. El sistema está hecho para que muchos lleguen hasta aquí. El eterno baile de los que sobran.

Insisto, conozco a los niños de esta escuela: muchos son buenos estudiantes y, lo mejor, buenas personas. Pero crecen y se pierden. Ahora que he vuelto, 17 años después, solo he recordado una parte olvidada de mi vida. En cada niño he visto un pedacito de lo que fui. Aquí elaboré una primera idea, muy lánguida por demás, del amor; aquí me frustré como bailarín e inicié mi vocación por la lectura y los libros. Volví y el panorama que encontré fue el mismo, barnizado por el desgano que producen los años en la gente. Quizá los profesores no lo digan, pero la hastiosa sensación del deber cumplido merodean las paredes de este colegio.

La mayoría de los docentes de la sede San Roque están pensionados, pero por ley siguen vinculados al magisterio. Seguirán trabajando hasta que cumplan los 65 años. Varios de ellos reciben, además de su salario mensual y de su pensión, la media pensión de gracia que el gobierno les otorgó un par de décadas atrás como desagravio por tantos años de olvido estatal.

Muchos de los docentes que están en esta condición son criticados. Les dicen que no aportan al sistema y solo están por la plata. Que no cambiaron sus prácticas ni sus métodos de enseñanza. Que están perjudicando a los estudiantes y deberían quedarse en una hamaca resolviendo crucigramas. A pesar de la crítica, siguen aquí esperando la edad límite. Unos están aún con deseos de enseñar; otros, con el peso de las deudas y los compromisos familiares.

Cuando cuestiono a la seño Susana por esto, me dice que siguió aquí por amor al oficio y a los niños. Si hubiera querido irse lo habría hecho años atrás tal como hizo el profe Toño. El profe Toño perdió la paciencia necesaria para enseñar, y un par de años antes de sus 65 decidió retirarse. "Hay que darle la posibilidad a otros que no tienen trabajo", señalaba él. Hoy va de su finca a la casa y de su casa a los programas de *Discovery Channel*, realizando en la televisión su sueño imberbe de ser astrónomo.

La seño, por el contrario, siguió trabajando porque su vida y la del San Roque se cuentan juntas. Y lo hace aún con la dedicación y serenidad de un filigranista, a pesar de la insolencia y la desidia que contaminan a buena parte de sus estudiantes.

—Yo me di cuenta que no era con violencia como debía tratar a los niños —me dice—, sino con ternura. Aquellos niños que se tratan con agresividad terminan siendo agresivos. Hay que darles ternura para que ellos den ternura.

—Pero muchas veces la ternura no funciona.

—Pues, cuando ellos están haciendo desorden yo me callo. No los grito. Los miro y ellos mismos se dan cuenta de su actitud.

El amor de la seño Susana por los niños del San Roque se patentó en una forma de enseñanza que desterró el maltrato, la palabra autoritaria y el grito desbocado. Por eso mismo, sufre cuando al maestro no se le trata con respeto, cuando un padre de familia llega al salón a denigrar de un colega. Y aunque nunca le ha pasado, sí ha visto cómo a más de un compañero lo ultrajan delante de los estudiantes.

—Hay padres que no reconocen la importancia del maestro —comenta con tono lastimero—. Tratan al maestro como si fuera poca cosa, como si no valiera.

—¿Seño, por qué es importante el maestro?

—La docencia es la primera profesión en el mundo, porque no hay un presidente que no haya pasado por las manos de un maestro. Y como tal, esa profesión merece más estimación, más aprecio.

Quinto

Enseñar en primaria fue durante mucho tiempo una labor confiada a las mujeres. En cada pueblo existe la leyenda de una matrona que estoica y desinteresadamente enseñó a leer y escribir a generaciones completas. Pero eran otros tiempos. Ahora es común encontrar en las aulas a docentes más interesados en el salario que en el aprendizaje de los estudiantes. Alguna vez escuché la historia del profesor que insultaba a sus estudiantes porque estos no se aprendían la lección. Él, ofuscado por la desidia, terminó lanzando esta frase: "Allá no entra", dijo señalando la cabeza de un estudiante, "pero acá sí", remató mientras metía su mano en un bolsillo.

La labor del docente se comprende mejor cuando nos apartamos de los interminables vademécums sobre pedagogía y nos internamos en su vida. Una maestra como la seño Susana no puede ser vista como un individuo aislado. Llegar al retiro forzoso y seguir enseñando con paciencia y con entereza era mérito suficiente para escribir esta crónica. Los grandes personajes no son los que alcanzan gestas asombrosas, sino los que cumplen hasta el último día la función que se les encomienda.

Si cada año recibió en promedio 30 o 35 estudiantes, al final del servicio, la seño Susana educó a más de 1500 almas. ¿Cuántos de ellos dejaron de ser *Los olvidados* de Buñuel?; ¿cuántos, *Los condenados de la tierra* de Fanon?

Jamás visité la casa de la seño Susana para la entrevista. Hemos hablado en un salón de paredes renegridas por la mugre y el sudor. Es el aula de todos los días, el pupitre de cada mañana. Desde este rinconcito organiza a los estudiantes, planea las actividades y toma nota en su cuaderno de asistencias. Se pone de pie para escribir en el tablero, atender a un padre de familia, corregir la tarea y, cuando es necesario, reprender a un estudiante cerril. Ir y venir, así se va la mañana. Después del recreo el salón de clases huele a madera húmeda y a caucho. La solana hace imposible el trabajo. Treinta muchachitos hambrientos, derretidos y sin ganas de aprender esperan que la mañana pase y el timbre de las 12 suene. Ella trabaja sin tregua, aunque también espera el timbrazo.

Recientemente la he visto un par de veces. La primera de ellas fue frente a su casa, cuando apenas iniciaba la escritura de la crónica. No había ruido ni pupitres ni niños quejándose. Era una tarde sobria que empezaba a ganarle la batalla a un sol brutal. Se notaba tranquila. Supe que había ido un par de veces al colegio a saludar a sus niños y a los otros profesores. No conversamos mayor cosa. La última, fue saliendo de la alcaldía de Sahagún. La supuse en las diligencias para obtener la cesantía. Esa mañana el profe Toño la acompañaba. Como el estudiante que ha hecho bien la tarea, le mostré el primer borrador de esta crónica.

—¿Todas esas hojas? —me preguntó asombrada, tal vez dudosa de que su vida ocupara más de una cuartilla.

—Aún faltan dos partes.

—Déjame ver un poco —Pasó la vista por las hojas rayadas hasta detenerse en el título. Noté en ella un asomo de felicidad.

—El feliz retiro forzoso de la seño Susana —susurró.

Me devolvió las hojas y se alejó sonriente. El profe Toño ya iba unos pasos adelante.